ESSAI

D'UNE

EXPLICATION NOUVELLE

DE LA

THÉORIE DE LA TRANSCRIPTION

A L'OCCASION DE LA MAUVAISE FOI

EN MATIÈRE DE TRANSCRIPTION ET D'INSCRIPTION HYPOTHÉCAIRES

PAR

G. BOISSONADE,

Agrégé à la Faculté de Droit de Paris.

EXTRAIT DE *LA* REVUE PRATIQUE DE DROIT FRANÇAIS
(Tome XXX, dernière livraison.)

PARIS

A. MARESCQ AINÉ, LIBRAIRE-ÉDITEUR

17, RUE SOUFFLOT, 17

1871

ESSAI D'UNE EXPLICATION NOUVELLE

DE LA

THÉORIE DE LA TRANSCRIPTION

A L'OCCASION DE LA MAUVAISE FOI

EN MATIÈRE DE TRANSCRIPTION ET D'INSCRIPTION HYPOTHÉCAIRES.

ESSAI

D'UNE

EXPLICATION NOUVELLE

DE LA

THÉORIE DE LA TRANSCRIPTION

A L'OCCASION DE LA MAUVAISE FOI

EN MATIÈRE DE TRANSCRIPTION ET D'INSCRIPTION HYPOTHÉCAIRES

PAR

G. BOISSONADE,
Agrégé à la Faculté de droit de Paris.

EXTRAIT DE LA REVUE PRATIQUE DE DROIT FRANÇAIS
(Tome XXX, dernière livraison.)

PARIS

A. MARESCQ AINÉ, LIBRAIRE-ÉDITEUR

17, RUE SOUFFLOT, 17

1871

ESSAI D'UNE EXPLICATION NOUVELLE

DE LA

THÉORIE DE LA TRANSCRIPTION

A L'OCCASION DE LA MAUVAISE FOI

EN MATIÈRE DE TRANSCRIPTION ET D'INSCRIPTION HYPOTHÉCAIRES.

« Tout fait quelconque de l'homme, qui cause à autrui « un dommage, oblige celui par la faute duquel il est « arrivé, à le réparer » (Code civil, article 1382).

Fraus omnia corrumpit.

1. — Les questions nombreuses et difficiles que soulève la théorie de la transcription ont été si souvent et si habilement traitées dans cette *Revue*, que ce n'est pas sans scrupules que nous y ramenons le lecteur. Après les belles études de nos savants maîtres, MM. Valette et Duverger, et celles du très-regrettable M. Mourlon, il semble qu'il n'y ait place désormais, sur cette matière, qu'à des redites et à des adhésions.

Voici cependant deux questions capitales, que les premiers n'ont qu'effleurées, pour ainsi dire, et en passant, et qu'ils ont résolues diversement l'une de l'autre, alors qu'elles méritaient d'être approfondies et qu'elles demandaient une solution identique; de son côté, M. Mourlon, plus explicite et plus logique, selon nous, les a résolues d'une façon uniforme, mais dans un sens diamétralement opposé à celui qui nous paraît seul admissible.

1° *L'acheteur d'un immeuble qui a transcrit son titre perd-il le droit d'opposer le défaut de transcription à un acquéreur précédent, en raison de la connaissance qu'il avait de la première aliénation, par une autre voie que celle de la transcription?*

2° Quid, *au moins, dans le cas plus grave de fraude concertée entre le vendeur et l'acheteur, pour dépouiller le premier acquéreur négligent?*

La solution négative de la première question semble tellement directe et formelle dans l'art. 1071 du Code civil, que nous craignons de paraître bien téméraire en essayant de faire admettre la solution contraire. Notre avis, notre conviction, sont, cependant, que la mauvaise foi du second acheteur le prive du bénéfice de sa priorité dans la formalité de la transcription. A plus forte raison, donnerons-nous la même solution au cas de fraude concertée entre le vendeur et le second acheteur (1).

2. — Pour établir notre thèse, nous n'aurons pas seulement à nous débarrasser de l'objection capitale tirée de l'article 1071 et d'une autre, non moins grave, fournie par l'art. 1352; il nous faudra aussi, et avant tout, remonter plus haut et rechercher quelles sont, nonobstant le défaut de transcription, la nature et l'étendue du droit acquis par le premier acheteur. Mais, là surtout, nous aurons à contredire des idées traditionnelles et nous craignons de heurter les plus respectables convictions. Nous nous y exposerons cependant, comme à un danger inséparable de toute recherche de la vérité.

Enfin une troisième question s'imposera nécessairement à notre examen : *La solution donnée contre la mauvaise foi, en matière de transcription, doit-elle être étendue à l'inscription hypothécaire?*

3. — Intervertissons l'ordre des deux premières questions et examinons d'abord, comme le moins douteux, le cas de fraude concertée entre le vendeur et le second acheteur.

Tous les auteurs, sauf un seul à notre connaissance, M. Mourlon, et presque tous les arrêts, sont d'accord pour appliquer ici la règle de justice et de droit naturel : *fraus omnia corrumpit.*

Ainsi, dans l'hypothèse où le vendeur et son second ache-

(1) Pour plus de simplicité et pour nous limiter à la loi du 23 mars 1855, nous supposerons toujours deux *ventes* successives; la matière des *donations* présente d'ailleurs des difficultés propres qui, sans tenir directement à notre sujet, pourraient, mal à propos, préoccuper le lecteur.

teur se hâteraient de conclure leur marché (sérieux d'ailleurs et non simulé), pour permettre au nouvel acheteur de faire transcrire avant le premier qu'ils savent empêché, peu diligent, ou peu défiant, on ne fait pas difficulté de refuser au second acheteur le bénéfice de sa priorité dans la transcription.

4. — Deux autres hypothèses de fraude peuvent se présenter et il faut les signaler ici, parce qu'elles ont donné lieu à la même solution doctrinale que la première, et à des décisions judiciaires uniformes :

Il peut arriver que le premier acheteur qui n'a pas transcrit ait revendu à un sous-acquéreur qui s'est hâté de faire transcrire son titre propre, mais non la vente originaire, et cela, par collusion et pour frauder le vendeur de son privilége, lequel n'avait été rendu public dans les quarante-cinq jours, ni par la transcription, ni par une inscription spéciale et directe;

Il se peut, enfin, que le vendeur, déchu de son privilége par l'effet de la transcription d'une revente de l'acquéreur, vende à un nouvel acheteur qui, par collusion encore, transcrit son titre et évince le sous-acquéreur, lequel n'a pas transcrit le titre originaire (1).

5. — Voici maintenant comment s'expriment, sur ces diverses hypothèses de fraude, les auteurs et les arrêts que nous regretterons bientôt de n'avoir plus pour nous, dans la question de mauvaise foi du deuxième acheteur seul, c'est-à-dire en l'absence de toute collusion.

M. Duverger, visant d'abord la *dernière* hypothèse, s'exprime ainsi : « Le vendeur ne fût-il pas arrêté par la honte « de faire un acte illicite, il le serait par la crainte des pour« suites que le sous-acquéreur évincé ne manquerait pas « d'intenter contre lui. Trouverait-il d'ailleurs un nouvel « acheteur? Il est assez difficile de supposer que la première « vente et la sous-aliénation demeurent complétement igno« rées ; or, si elles sont connues du nouvel amateur, il se gar-

(1) On voit que les fraudes peuvent intervenir de la part de chacun des intéressés; mais il ne faudrait pas les supposer cumulées, autrement les dols des parties adverses se compenseraient : *Si ambo dolo malo fecerint, invicem de dolo non agent* (L. 36, D. *De dolo malo*, IV, 3).

« dera bien d'acheter, *car il s'exposerait à un procès pour com- « plicité dans la fraude du vendeur.* » Puis, passant à la *seconde* hypothèse, M. Duverger ajoute : « On apprécie sévèrement la « conduite du sous-acquéreur qui a su ou dû savoir que son « auteur n'avait pas payé son prix; nous accordons que la « sous-aliénation, faite peu de temps après la première vente « par l'acheteur, qui n'a pas transcrit son titre et qui se hâte « de se faire payer le prix de la revente, *sapit fraudem.* Mais « nous pensons que, si le premier vendeur *prouve la collusion* « de son acheteur avec le sous-acquéreur, *la sous-aliénation « ne nuira pas au premier vendeur, malgré la transcription de « cette revente* et l'expiration des quarante-cinq jours (1). »

M. Valette, répondant à M. Duverger et visant indistinctement les divers cas de fraude, dit, à son tour : « Nous sup- « posons, pour écarter ici toute controverse, que les actes « transcrits ou inscrits ne sont pas simulés, *ni frauduleuse- « ment concertés entre les parties, dans le but de nuire à des tiers* : « ce sont là des cas tout à fait extraordinaires (2). »

M. Troplong, sur la *première* hypothèse, la plus simple, celle de deux ventes successives par le même vendeur, s'exprime ainsi : « Si le second acheteur avait participé à une « fraude machinée par le vendeur pour tromper le premier « acheteur; si celui-ci avait été victime moins de sa négli- « gence que d'une manœuvre frauduleuse concertée par le « vendeur, de complicité avec le second acheteur; dans ce « cas, *il serait impossible de laisser la transcription couvrir un « acte de la plus insigne mauvaise foi* (3). »

MM. Aubry et Rau disent : « *Les tiers ne seraient pas rece- « vables à exciper du défaut de transcription*, si la convention « qu'ils ont passée avec l'auteur de cet acte avait été *fraudu-*

(1) *De l'effet de la transcription relativement aux droits du vendeur, d'après la loi du 23 mars* 1855, 1re étude, n° 35, et *Revue pratique*, 1860, t. x, p. 191; V. aussi, 2e étude, n° 110, et *Revue prat.*, 1864, t. xviii, p. 560.

(2) *Revue pratique*, 1863, t. xvi, p. 445, note 1.

(3) *De la transcription hypothécaire*, n° 190 *in fine*. — M. Troplong cite la loi belge du 16 décembre 1851, sur la réforme du régime hypothécaire, comme étant conforme à cette opinion, dans son art. 1er : « Les actes translatifs de droits réels immobiliers, jusqu'à ce qu'ils soient transcrits, ne « pourront être opposés aux tiers qui auraient contracté *sans fraude.* »

« *leusement concertée dans le but d'en neutraliser ou d'en res-* « *treindre les effets* (1).

M. Demolombe excepte aussi le cas où « les tiers auraient « commis une fraude de concert avec le *donateur*, précisé- « ment dans le but d'anéantir, en tout ou partie, les effets de « la donation au préjudice du donataire (2). »

MM. Rivière et François (3), Rivière et Huguet (4), M. Flandin (5) ne s'expriment pas autrement.

Mais, comme nous le disions en commençant, c'est sans réfuter ni même prévoir les objections, que ces auteurs donnent cette solution unanime; c'est en passant qu'ils font toutes réserves contre la fraude concertée et qu'ils en indiquent la sanction; chez le plus grand nombre, malheureusement pour nous, c'est en combattant l'opinion que nous espérons faire triompher bientôt, sur la mauvaise foi *non concertée*, qu'ils nous fournissent l'appui de leur autorité pour déjouer et punir la *collusion*.

6. — Au surplus, les travaux préparatoires de la loi de 1855 autorisent formellement ce qu'on a eu le tort d'appeler *un tempérament d'équité*, car c'est l'interprétation logique et l'application la plus directe de la loi.

M. Suin, dans l'Exposé des motifs au Corps législatif, disait : « Il est de principe que, s'il avait été fait par le même « propriétaire deux ou plusieurs aliénations du même im- « meuble ou des mêmes droits réels, celle qui aurait été « transcrite la première exclurait toutes les autres, *à moins* « *que celui qui, le premier, aurait rempli cette formalité, n'eût* « *participé à la fraude* (6). »

Dans la discussion, M. Suin, s'expliquant sur la seconde de nos hypothèses (celle d'une revente faite par l'acquéreur avant le paiement de son prix et transcrite avant la première vente),

(1) *Cours de droit civil français,* 3e éd., § 209 et note 81 (t. II, p. 227) et § 704, note 32 (t. VI, p. 90).

(2) *Donations*, t. III, n° 314.

(3) *Explication de la loi sur la transcription hypothécaire*, n° 49.

(4) *Questions théoriques et pratiques sur la transcription,* n° 188.

(5) *De la transcription hypothécaire*, n° 880, t. II, p. 51.

(6) Dans l'*Appendice* de M. Troplong, p. XI. — V. aussi, Dalloz, 1855, 4e partie, p. 28, n° 7.

répond : « *Une pareille manœuvre constituerait un dol et une* « *fraude dont les magistrats feraient nécessairement jus-* « *tice* (1). »

7. — Deux arrêts de cours d'appel, maintenus à la chambre des requêtes, par rejet du pourvoi, ont décidé dans le même sens.

La cour de Rennes, statuant sur l'espèce de deux ventes successives par le même vendeur : « *Considérant que la fraude* « *fait exception à toutes les règles*;.... considérant qu'en se fai- « sant l'instigateur et le complice d'un stellionat, H. s'est « rendu coupable, au détriment de S., *d'une fraude qui le* « *place dans l'impossibilité de se prévaloir à son égard de la* « *priorité de transcription*..... »

Sur le pourvoi, la chambre des requêtes statua ainsi : « At- « tendu qu'entre deux acquéreurs successifs et *de bonne foi* « de la même propriété, c'est celui qui a fait le premier trans- « crire son contrat qui doit l'emporter sur l'autre; mais *at-* « *tendu que la fraude fait exception à toutes les règles du droit;* « que, si la transcription a été faite par suite d'un concert « frauduleux entre le vendeur et l'acheteur, *elle ne peut pro-* « *duire aucun effet*, rejette (2). »

La cour de Montpellier, statuant sur une revente fraudu- leuse par l'acheteur, pour faire encourir au vendeur la dé- chéance de son privilége, disait (par adoption générale des motifs des juges de Rodez) : « Attendu que les époux T., sa- « chant que le prix de la première vente était encore dû, se « sont concertés pour arriver, *en abusant, de mauvaise foi,* « *des dispositions de la nouvelle loi* sur les hypothèques et de « l'état d'insolvabilité de T., à dépouiller F. des immeubles « par lui vendus et à lui en faire perdre aussi le prix ; qu'il y « a lieu d'écarter de l'espèce l'application de la loi du 23 mars « 1855, par la raison qu'*elle n'a pas été faite pour favoriser la* « *fraude*, mais bien pour donner des garanties nouvelles aux « acquéreurs *de bonne foi*..... »

La chambre des requêtes rejeta encore le moyen tiré de la

(1) Appendice, *ibid.*, p. CXVI. — V. aussi Dalloz, v° *Transcr. hyp.*, p. 686, n° 30, *in fine.*

(2) Req., rejet, 8 déc. 1858 (D. P., 59, 1, 185).

loi de 1855 : « Attendu que la fraude fait exception à toutes « les règles du droit et qu'il est constaté par l'arrêt d'appel « que *la revente n'est que le résultat d'une combinaison fraudu-* « *leuse* (1)... »

8. — Malgré l'unanimité de ces décisions de doctrine et de jurisprudence, le savant et courageux Mourlon n'a pas hésité à combattre la solution victorieuse (2).

Il avait, comme ses devanciers, examiné en premier lieu la question que nous avons placée au second rang, celle de l'influence de la mauvaise foi non concertée, ou connaissance par l'acheteur d'une aliénation antérieure non transcrite. D'accord sur cette question avec l'unanimité des auteurs et des arrêts que, tout à l'heure, nous allons avoir à combattre, à notre tour, il leur reproche leur témérité d'admettre une exception qui, selon lui, détruit toute la règle. Il soutient qu'il n'y a pas lieu d'établir une différence entre le dol *individuel* ou isolé de l'acheteur et le dol *concerté* avec le vendeur, par ce motif que l'un des deux dols ne pourrait pas aller sans l'autre; en sorte que, selon lui, quand il y aurait mauvaise foi de l'acheteur, il y aurait, plus sûrement encore, mauvaise foi du vendeur.

Disons de suite qu'il y a là une inadvertance de M. Mourlon. La mauvaise foi de l'acheteur seul se rencontrera peut-être aussi souvent que la collusion, car il est naturel de croire que l'erreur est plus facile au vendeur que le stellionat. Nous ne supposerons pas que le vendeur ait perdu le souvenir de la première vente de son immeuble : une telle faiblesse d'esprit le mettrait dans le cas d'être interdit ou pourvu d'un conseil judiciaire. Mais supposons qu'il ait cru, à tort, que la première vente était restée à l'état de projet, alors qu'elle était parfaite; ou qu'il l'ait, mal à propos, considérée comme valablement résiliée à la suite de pourparlers équivoques ou de prétentions élevées par lui et qui lui semblaient triomphantes, ou qu'il ait cru indûment à l'accomplissement d'une condition résolutoire; supposons encore que le nouvel acheteur ait abusé de sa bonne foi, en lui persuadant que le

(1) Req., rej., du 14 mars 1859 (D. P., 59, 1, 501 ; Devill., 59, 1, 833).

(2) *Traité théorique et pratique de la transcription*, nos 452-453, t. II, p. 79.

premier acquéreur désire se désister du contrat parce qu'il n'en pourrait remplir les obligations; si, avec cela, le nouvel acheteur produit une fausse lettre où il est présenté au vendeur comme un acheteur immédiat et avantageux, il n'y aura pas concert frauduleux. N'y a-t-il pas enfin, comme source facile d'erreur, le cas où le vendeur est mort peu de temps après qu'il avait traité *par acte sous seing privé* et où la seconde vente a été faite par son héritier, de très-bonne foi et dans l'ignorance la plus complète de la première vente?

Voilà de nombreuses hypothèses, très-pratiques d'ailleurs, où la fraude concertée ne se rencontrera pas, où l'acheteur seul pourra être de mauvaise foi et où, par conséquent, les auteurs et les arrêts précités pourront être aussi indulgents pour lui que l'est M. Mourlon. L'exception n'a donc pas détruit la règle.

9. — M. Mourlon, d'ailleurs, si favorable au deuxième acheteur et si sévère pour ceux qui le condamnent, modifie ou, mieux, abandonne lui-même sa décision dans trois cas (1) : 1° quand il a employé des violences ou des manœuvres frauduleuses pour empêcher le premier acheteur de transcrire son titre; 2° dans le cas où, en traitant avec le vendeur, il a expressément adhéré à l'acte non transcrit, ou même implicitement, en le laissant mentionner dans son propre titre; 3° enfin dans le cas où il a stipulé du vendeur sa part dans le gain à réaliser au préjudice du premier acheteur. Ces deux derniers cas auraient dû rapprocher beaucoup M. Mourlon de la solution qu'il combattait (2).

10. — Pour tous les autres cas de fraude concertée, nous croyons répondre péremptoirement à la fin de non-recevoir de M. Mourlon contre notre solution, par un argument qu'ont négligé nos autorités précitées : le premier acquéreur négligent

(1) *Op. cit.*, n° 454.

(2) La cour de Paris a été encore moins sévère que lui pour l'acheteur de mauvaise foi, car elle n'a même pas admis que, dans un acte constitutif d'hypothèque, l'énonciation d'une donation antérieure non transcrite emportât, par elle-même, renonciation de la part du créancier à se prévaloir du défaut de transcription (2 mai 1860; D. P., 61, 2, 65).

fera certainement tomber la seconde vente par l'action Paulienne ou révocatoire des actes faits en fraude des créanciers ; créancier de la garantie d'éviction, il prouvera la fraude concertée entre son débiteur (le vendeur) et le nouvel acheteur (1).

Nous croyons cette raison décisive et sans réplique (2).

11. — Abordons maintenant la seconde et de beaucoup la plus difficile de nos questions :

La connaissance, par l'acheteur seul, d'une aliénation antérieure non transcrite, le prive-t-elle du bénéfice de sa priorité dans la transcription?

Ici nous n'avons plus M. Mourlon seulement contre nous ; nous avons encore à combattre tous les auteurs et les arrêts qui, tout à l'heure, nous étaient favorables.

12. — Nous soutenons d'abord, contre ces derniers, non pas, comme M. Mourlon, que la fraude ici sera toujours concertée (on vient de voir que le contraire est très-facile à rencontrer), mais qu'il est *arbitraire de distinguer* entre le dol individuel du deuxième acheteur et le dol concerté entre les deux parties. Si M. Mourlon, avec sa dialectique serrée, avait entrepris cette démonstration, il y aurait une bonne thèse de plus dans son beau livre sur la transcription; il aurait encore conclu contre nous, il est vrai, mais nous n'aurions eu, sans doute, à réfuter que lui seul; car nous ne doutons pas que, forcées d'opter entre les deux extrêmes, ou laisser l'immunité entière à toute mauvaise foi de l'acheteur, ou déjouer celle-ci dans tous les cas, nos autorités précitées ne se fussent résolûment engagées dans la voie de l'équité, au risque d'encourir encore davantage le reproche assez irrévérencieux que fait M. Mourlon à nos tribunaux (n° 453), « possédés, suivant lui, de cette orgueilleuse manie d'équité

(1) Si le nouvel acte était une donation, l'acheteur fraudé n'aurait même pas à prouver la complicité du donataire; telle est, en doctrine et en jurisprudence, la distinction traditionnelle entre celui *qui certat de lucro captando* et celui *qui certat de damno vitando* (V. L. 6, § 11, D. *Quæ in fraud.*, XXLII, 8).

(2) En général, l'action Paulienne suppose l'insolvabilité du débiteur *fraudator*, et elle cesserait, dans les cas ordinaires, si le demandeur était indemnisé en argent; mais ici, le premier acquéreur ne serait pleinement désintéressé que par la conservation de l'immeuble (V. *infrà*, n°s 25-29).

« qui les porte à se montrer plus sages que la loi elle-même « et chez lesquels d'ailleurs les notions juridiques ne sont pas « assez familières. »

Nous croirions manquer, à notre tour, d'égards envers les tribunaux, si nous avions la prétention de les disculper du reproche d'orgueil et d'ignorance; nous dirons seulement que nous ne consultons pas nos beaux recueils de jurisprudence sans admirer, presqu'à chaque page, la sagesse et la science inépuisable dont les décisions judiciaires font preuve, surtout en matière civile. Il y a longtemps, du reste, que les défiances et presque les dédains réciproques de la doctrine et de la jurisprudence ont fait place à une juste estime et à une loyale entente; les deux autorités s'éclairent mutuellement, pour le plus grand honneur de chacune d'elles et pour le plus grand profit de la science et de la justice.

13. — Nous disons donc que c'est à tort et sans raison suffisante que nos autorités nous font défaut, quand nous soutenons que l'acheteur, *connaissant seul* la première vente non transcrite, n'est pas plus digne d'intérêt et ne mérite pas plus la protection de la loi de 1855 que lorsqu'il a colludé avec son vendeur.

Qu'importe, en effet, que deux personnes se soient réunies pour nuire à une troisième, ou qu'une seule ait nui méchamment à une autre ? Le droit pénal peut tenir compte, en certains cas, de la pluralité d'agents d'un délit, parce qu'alors la résistance est plus difficile, parce que le mal social est plus grand; mais c'est là une distinction étrangère, en général, au droit civil, c'est-à-dire aux délits civils. Il est vrai que l'action Paulienne distingue, en certains cas, si la fraude du débiteur envers ses créanciers a été ou non partagée par celui avec lequel il a traité : elle n'exige pas la complicité de l'acquéreur quand il s'agit de faire tomber une donation frauduleuse; elle l'exige, au contraire, quand il s'agit d'une vente. Mais on n'en pourrait rien induire ici contre nous, puisque, dans le cas où elle est le plus exigeante, elle demande, outre la mauvaise foi de l'aliénateur, celle de l'acquéreur; or, ici, c'est justement cette dernière fraude qui se rencontre (1).

(1) Nous supposons provisoirement cette fraude incontestée, sans exami-

Si la distinction admise pour l'action Paulienne ne peut nous être opposée, nous ne pouvons non plus trouver dans cette action, comme pour la question précédente, un moyen péremptoire : elle est ici sans application possible, car le premier acquéreur n'a plus été fraudé par son vendeur ; d'un autre côté, il n'était pas le créancier du second acquéreur ; s'il le devient, ce n'est que par l'acte frauduleux, comme nous l'établirons bientôt. Ce n'est donc pas le cas de l'action révocatoire des actes faits en fraude des créanciers.

14. — Privé de ce secours, convaincu cependant qu'il faut donner, pour la mauvaise foi de l'acheteur seul, la même solution que pour la fraude concertée ; enfin, n'ayant plus avec nous aucune des autorités qui tout à l'heure nous soutenaient, nous sommes forcé de reprendre la question de plus haut, comme nous l'avons promis, et là, les divergences vont s'accentuer encore davantage, car elles porteront sur les principes eux-mêmes.

15. — Depuis la célèbre loi du 11 brumaire an VII, il s'est introduit dans le langage de la doctrine et dans celui de la jurisprudence une formule vicieuse qui nous paraît avoir engendré tous les embarras de la matière de la transcription.

On répète sans cesse qu'après l'établissement premier de la transcription hypothécaire et depuis son rétablissement en 1855, la propriété qui se transfère *entre les parties* par le seul consentement, n'est transférée *à l'égard des tiers* que par la transcription.

D'un autre côté, si l'on cherche dans la loi, dans la doctrine et dans la jurisprudence, la notion même de la propriété, on verra : dans la loi (art. 544), que « la propriété est « le droit de jouir et de disposer d'une chose de la manière la « plus absolue, » dans la doctrine, que le droit de propriété est le droit *réel* par excellence, c'est-à-dire qu'il constitue un rapport immédiat et direct de l'homme à la chose, un rapport absolu, *erga omnes*, opposable à tous, à l'égard duquel tous autres que le propriétaire sont sujets passifs, par oppo-

ner encore comment elle peut être prouvée, ce qui ne sera pas le point le moins délicat de notre thèse (V. *infrà*, nos 41 et s.).

sition au droit personnel qui est purement *relatif*, qui n'est opposable qu'à un ou plusieurs obligés, sujets passifs nommément déterminés. La jurisprudence, de son côté, n'a jamais contesté cette nature ni cette définition générale du droit de propriété.

16. — Est-ce à dire que l'établissement de la transcription par la loi de brumaire, que son maintien au Code civil dans la matière des donations et substitutions, qu'enfin son rétablissement pour les actes onéreux, par la loi de 1855, aient changé la nature même du droit de propriété?

Non ; il est des résultats que la loi même ne peut obtenir, ni raisonnablement poursuivre : elle ne peut changer la nature des choses: *quæ rerum natura prohibentur nulla lege confirmantur* (1). La propriété, fût-elle une institution purement légale et civile (ce que nous nions), la loi qui l'aurait *créée* comme droit absolu, telle que nous l'avons vue seulement *définie* par elle-même, ne pourrait plus en faire un droit simplement relatif, sans lui enlever son nom avec ses avantages, sans la transformer en droit personnel ou de créance, en un mot, sans la détruire. A plus forte raison, en est-il ainsi, si la propriété est un droit primordial et naturel que la loi n'a qu'à reconnaître, qu'à protéger et sanctionner.

Aussi rien ne nous a-t-il jamais paru plus incohérent que cet effet attaché à la vente, par l'art. 1583, comme complément de définition du contrat : « Elle est *parfaite entre les* « *parties* et la propriété est acquise de droit à l'acheteur *à l'é-* « *gard du vendeur.....* » Il nous a toujours été impossible de comprendre comment on pourrait être propriétaire d'une chose à l'égard d'une personne, sans l'être à l'égard de toutes à la fois. La propriété est transférée par le consentement ou elle ne l'est pas, mais elle ne peut pas, tout ensemble, l'être et ne l'être pas : *to be or not to be!* L'acheteur, suivant la législation du temps et du pays, pourra dire, aussitôt après l'accord des volontés, « cette chose est à moi,» ou il ne le pourra pas dire encore ; mais il ne pourra jamais, sous peine d'exprimer un non-sens, dire : « cette chose est à

(1) L. 188, D., *De reg. juris* (L, 17).

« moi et elle n'est pas à moi ; » c'est lui désormais qui pourra disposer de la chose de la manière la plus absolue, et alors ce ne sera plus le vendeur, ou bien ce sera celui-ci et ce ne sera pas l'acheteur; ici, tout terme moyen, comme toute association de ces deux extrêmes, est une énigme encore à deviner. C'est pour avoir voulu expliquer ce qui est inexplicable, concilier ce qui est inconciliable, que tant d'efforts ont été stérilement dépensés, que les meilleurs esprits se sont divisés, parfois jusqu'à l'aigreur, que les divergences se sont inextricablement accumulées, pour le plus grand découragement des nouveaux venus dans l'étude du droit (1).

17. — Les Romains, qui ont eu des idées si nettes et si lumineuses sur la propriété opposée au droit de créance, n'ont pas posé ce problème insoluble, ils n'ont pas réuni deux formules *hululantes*. Ils sont partis de ce principe, bon ou mauvais en législation (peu importe ici), que la tradition de la chose (quelquefois un acte plus solennel) était nécessaire au transfert du *dominium;* la conséquence en était logique et forcée, aussi a-t-elle toujours été observée : jusqu'à la tradition, la propriété reste, *erga omnes*, sur la tête du vendeur, qui peut seul la revendiquer, qui peut seul, juridiquement, sinon honnêtement (*non omne quod licet honestum est*) (2), en disposer par aliénation ou autrement; l'acheteur n'a qu'un droit personnel, un droit de créance contre son vendeur.

(1) M. Mourlon (*op. cit.*, n° 421) trouve cependant tout naturel que depuis 1855 la propriété ne soit plus qu'un droit *relatif*, « parce que l'absolu est « difficilement praticable en jurisprudence. » Et pourtant, dans ce droit d'opposer le défaut de transcription à l'acquéreur négligent, M. Mourlon lutte pour l'*absolu*, au risque de méconnaître l'équité la plus vulgaire.

Il appuie d'ailleurs sa justification de la *propriété relative* sur deux exemples dont nous contestons l'analogie. Il cite l'autorité de la chose jugée, qui est invincible entre les parties et sans effet à l'égard des tiers (art. 1351) ; de même, les contre-lettres, qui sont valables entre les parties et sans effet contre les tiers (art. 1321). Mais il ne s'agit là que de *modes de preuves* dont les effets ne peuvent, en aucune façon, être comparés à ceux d'un *droit*. Cela est si vrai que la chose jugée dans une revendication ne serait pas opposable à un tiers usurpateur, tandis que la propriété, en l'absence de toute publicité, lui est opposable (V. *infrà*, n° 20).

(2) L. 144, D. *De regulis juris*.

Chez nous, où le droit a toujours eu un caractère de simplicité naturelle qu'il est d'usage d'appeler, un peu ambitieusement, *spiritualiste*, on s'est affranchi de bonne heure des entraves de la tradition matérielle. D'abord, on a eu recours à des traditions feintes, à des clauses de style insérées dans les actes; enfin, dans le droit moderne, on a admis que le seul consentement peut transférer la propriété (art. 1138 et 1583). Le miracle est d'ailleurs moins admirable que celui de la foi transportant les montagnes, car, après tout, la propriété est un droit, c'est-à-dire une chose tout abstraite; or, la volonté, comme un pur esprit, peut bien, et même sans efforts, faire mouvoir des abstractions.

18. — Mais, en même temps, on a songé que les opérations de la volonté sont choses occultes; si elles frappent suffisamment l'esprit de ceux chez lesquels elles s'opèrent (les Romains ne l'ont pas toujours cru; exemple : la nécessité de la tradition ou de la mancipation pour le transport de la propriété et des stipulations solennelles pour la plupart des engagements), elles restent naturellement inconnues de tous autres que les contractants; et cependant, il s'agit ici d'un droit qui, de sa nature, semble intéresser tous et chacun : chacun, en effet, cesse, par la vente, d'être appelé, vis à vis de l'ancien propriétaire, à remplir ce rôle passif dont nous parlions tout à l'heure; en sens inverse, chacun commence à y être appelé vis à vis du nouveau maître.

Pourtant, ce n'est pas à ce point de vue général que la publicité des mutations a été jugée nécessaire : l'obligation improprement dite où nous sommes de respecter la propriété d'autrui, le devoir général et commun qui nous incombe de n'y porter aucune atteinte, n'ont pas besoin de nous être révélés plus directement pour la propriété que pour tout autre droit d'autrui : ceux qui usurpent le bien d'autrui savent qu'ils commettent une mauvaise action, quel que soit le propriétaire; il n'est pas nécessaire pour eux qu'il y ait publicité des mutations, le procès en revendication leur montrera en temps utile à qui ils ont fait tort et à qui ils doivent restituer.

Ce ne sont pas non plus ceux qui pourront avoir à traiter avec le nouvel acquéreur qui ont intérêt à une publicité générale et anticipée de la mutation : ceux-là la connaîtront toujours à propos, car l'acquéreur leur donnera la preuve de son droit, *docebit eos, certiores faciet eos de jure suo;* son intérêt est là, c'est la meilleure garantie des autres.

19. — Quels sont donc ceux auxquels l'ignorance de la mutation pourrait nuire contre toute justice? Ce sont d'abord ceux qui ont déjà des droits acquis sur l'immeuble et entendent les faire respecter par le nouvel acquéreur; ce sont encore ceux qui, croyant que la propriété réside toujours sur la tête de l'ancien titulaire, traiteraient directement avec lui ou acquerraient, de son chef, des droits sur l'immeuble, même sans sa volonté. C'est ce qu'ont voulu exprimer et ont rendu, tant bien que mal, la célèbre loi de l'an VII et la malencontreuse loi de 1855, très-louable dans son but, il est vrai, mais si mal conçue dans ses termes et dans ses moyens que les difficultés naissent à chaque pas.

La loi du 11 brumaire an VII, art. 26, porte : « Les actes « translatifs de biens et droits susceptibles d'hypothèque doi- « vent être transcrits;..... jusque-là ils ne peuvent être oppo- « sés *aux tiers qui auraient contracté avec le vendeur* et qui se « seraient conformés à la présente. »

Et la loi du 23 mars 1855, art. 3 : « Jusqu'à la transcription, « les droits résultant des actes et jugements énoncés aux ar- « ticles précédents ne peuvent être opposés *aux tiers qui ont « des droits sur l'immeuble* et qui les ont conservés en se con- « formant aux lois. »

On a reproché, avec exagération, à la loi de brumaire de ne pas embrasser tous les cas, en ne parlant que de *ceux qui ont contracté* avec le vendeur, ce qui ne comprendrait pas ceux qui ont acquis des droits de son chef *sans sa volonté;* mais si la loi de 1855 est plus complète à cet égard, en parlant de ceux qui *ont des droits*, en général, ce qui comprend toutes les causes d'acquisition, elle paraît, d'un autre côté, ne protéger que les droits *acquis et publiés antérieurement à la vente;* car est-il exact de parler de *droits acquis* du chef du vendeur après qu'il n'est plus propriétaire? C'est cependant ce que veut dire la loi, et en cela, nous l'avons dit, elle semble autoriser la formule vicieuse que nous reprochons à la doctrine et à la jurisprudence : « *Le vendeur n'est pas dessaisi à l'égard des tiers,*

« tant qu'il n'y a pas eu de transcription ; » ce qui signifierait bien que la saisine n'est plus *absolue*, mais *relative;* qu'elle est désormais un rapport de droit *avec les personnes* et non plus *avec la chose;* or, nous l'avons dit, cela est juridiquement impossible.

20. — Ce n'est pas seulement une faute doctrinale que nous reprochons à la formule usitée : maintenant que l'on connaît le but manifestement limité de la loi de 1855, il est facile de reconnaître que la manière dont on l'a *traduite*, si l'on s'y tenait logiquement, dépasserait infiniment ce but, et qu'on le dépasse encore beaucoup, tout en s'arrêtant en chemin.

De l'aveu de nos adversaires, il est des tiers auxquels la mutation est opposable par l'acheteur, quoiqu'il n'ait pas fait la transcription. Ainsi, elle est opposable, et par la voie la plus directe, celle de la revendication, aux usurpateurs et même aux possesseurs de bonne foi qui ont reçu la chose *a non domino*. Pourtant, certes, ceux-là sont des *tiers* et ceux même auxquels convient le mieux cette qualification. En sens inverse, la mutation non transcrite peut être invoquée *contre* l'acheteur, quand il s'agit des obligations qui lui incombent en tant que propriétaire; ainsi, il est tenu des charges qui résultent du voisinage; il serait valablement assigné en partage, si le bien était indivis; il devrait exécuter les baux ayant date certaine conformément à l'art. 1743; il est tenu des impôts et autres charges de la propriété, envers l'Etat, le département, la commune.

Ces solutions, disons-nous, sont incontestées, nous ne les rappelons que pour mettre déjà la formule traditionnelle substituée à celle de la loi, en contradiction flagrante avec elle-même autant qu'avec la réalité des faits.

Mais les contre-vérités, pour être moins nombreuses, ne disparaissent pas entièrement, si, respectant davantage les termes moins généraux et moins dogmatiques des lois de l'an VII et de 1855, on arrive à dire : « L'acquéreur qui n'a « pas transcrit *n'est pas propriétaire à l'égard des tiers qui ont « contracté avec le vendeur ou ont acquis de son chef des droits « sur l'immeuble, avant ou depuis la vente* et les ont publiés « conformément à la loi. »

Il restera toujours cet incroyable paradoxe que le vendeur, qui a cessé d'être propriétaire, a pu rendre propriétaires ceux avec lesquels il a traité, a pu donner des hypothèques conventionnelles ou en laisser acquérir de légales ou judiciaires sur un bien qui n'était plus le sien. Ainsi, depuis la loi de l'an VII, l'axiome, banal à force d'être évident, *nemo dat quod non habet* (1), a cessé d'être un *truisme* (qu'on nous pardonne ce néologisme), il n'est même plus *simplement vrai.*

Rassurons-nous : aucun législateur, pas même le Corps législatif *introuvable* de 1855, n'a pu faire que le vendeur ait le pouvoir de concéder contre son acheteur des droits qu'il n'a plus lui-même.

21. — Mais alors qu'a-t-il fait ?

C'est ici que nous nous attendons à soulever une égale opposition dans tous les partis. Ce sera au moins une occasion que nous leur fournirons (la seule peut-être) d'être d'accord en cette matière, et ils ne la laisseront certainement pas échapper.

Nous avons aussi nos deux formules, seulement elles ne sont pas contradictoires.

Voici la première : « La propriété est et demeure un droit « *absolu;* elle se transfère *erga omnes* par le seul consente- « ment, en l'absence de toute transcription; conséquem- « ment, l'acheteur seul a le droit d'aliéner et de disposer ; « toutes aliénations faites par l'ancien vendeur sont nulles et « de nul effet, comme étant faites *a non domino.* »

Telle est la résultante, aussi naturelle qu'obligée, des articles 544, 1138 et 1599, dont aucun n'a été abrogé par la loi de 1855.

Les auteurs de cette loi ont dit et répété avec une certaine emphase adulatrice :

« Il n'est pas question de porter une *main sacrilége* sur le « Code Napoléon (2);

(1) *Nemo ad alium plus juris conferre potest quam ipse habet* (L. 54, D. *De regulis juris*; — Cf. L. 175, § 1, *ibid.*).

(2) *Exposé des motifs* présenté au Corps législatif par M. Suin (V. Troplong, *Appendice*, p. v; Dalloz, 1855, 4e part., p. 28, no 2).

« Il ne faut pas croire que le projet porte une main pro-« fane sur l'édifice de nos lois et en trouble l'harmonie (1). »

Voici qui est plus juridique :

« Les dispositions du Code resteront intactes, son harmonie, « entière ; compléter n'est pas détruire (2) ;

« La loi nouvelle ne contredit point, mais complète le Code « Napoléon : le Code dit comment la vente est parfaite entre « les parties, et à cet égard rien n'est changé (3) ;

« L'innovation n'est pas de nature à se heurter avec l'es-« prit ou le texte du Code ; au contraire, loin d'en rompre « l'harmonie ou la concordance, loin d'en troubler les prin-« cipes, il semble, par toutes les dispositions du Code, qu'elle « y était attendue et que sa place y était marquée d'avance. « L'harmonie de la loi reste entière ; c'est un vide qui se « trouve comblé, sans qu'il y ait à changer un seul mot ou « un seul article (4). »

22. — Voyons maintenant ce que peut être ce complément si pompeusement annoncé : cherchons-le dans la raison et dans la nature des choses.

Nul ne contestera que l'acte le plus légitime en soi, que l'exercice du droit le plus incontestable, puisse être soumis par la loi et soit, en fait, soumis par elle à des mesures de prudence, à des précautions destinées à préserver les tiers des dangers qui pourraient en résulter pour eux.

Commençons par quelques exemples qui, pour être vulgaires, n'en sont que plus probants ; on saisira d'ailleurs aisément leur affinité toute naturelle avec notre question :

Assurément nul droit n'est plus certain et plus légitime que celui d'aller et de venir sur la voie publique, avec une voiture de transport ; mais, en prévision du cas où cette voiture causerait dommage à autrui, la loi municipale vous

(1) M. Ad. de Belleyme, rapporteur, dans la discussion (V. Troplong, *ibid.*, p. LXXI ; Dalloz, v° *Transcr. hyp.*, Discussion, p. 682, n° 10).

(2) M. Suin, *Exp. des motifs*, *loc. cit.*

(3) M. Persil, dans la discussion au sein du conseil d'Etat (citation de M. Duverger, 1re étude précitée, p. 19, et *Revue pratique*, t. X, p. 179).

(4) Rapport de M. de Belleyme (Troplong, *App.*, p. XXVII ; Dalloz, 1855, 4, p. 29, n° 22).

oblige à y apposer la désignation de votre nom et de votre domicile; la nuit, toute voiture doit être éclairée pour *prévenir* les accidents; celui qui dépose des matériaux sur la voie publique, qui y fait des excavations pour construire en bordure, ou qui y exécute des travaux commandés par la municipalité, doit entourer ses travaux de palissades, et encore les éclairer la nuit. Voilà donc la liberté d'aller et de venir, la liberté de travailler, la liberté d'user de la chose publique, modérées et réglementées pour chacun dans l'intérêt des tiers.

L'exercice du droit de propriété lui-même présente, dans l'intérêt d'autrui, tant de réglementations incontestées, que nous nous bornons à renvoyer au titre du Code sur la *Propriété*.

23. — Pour nous, les deux lois sur la transcription n'ont fait qu'établir une nouvelle réglementation de l'exercice du droit de propriété.

Supposons que la loi de 1855, moins savante qu'elle ne l'est, mais aussi plus accessible aux esprits simples, ait dit : Tout acquéreur d'un immeuble devra faire publier à son « de trompe son acquisition, à peine de tous dommages-inté- « rêts envers les tiers qui auront contracté avec l'ancien pro- « priétaire, dans l'ignorance de la mutation. » Assurément, on n'imaginerait pas de dire que cette loi change la nature du droit de propriété; on lui reconnaîtrait des visées plus modestes; elle serait prévoyante dans son but, juste dans ses exigences, claire dans son énoncé; elle ne pécherait que par l'insuffisance du moyen.

Si, au lieu d'une publicité primitive et imparfaite, rudimentaire et fugitive, elle obligeait l'acheteur, par souvenir d'une loi d'Athènes (1), à l'apposition, sur son immeuble,

(1) La loi athénienne, sur ce point, est parfaitement mise en lumière par notre savant collègue et ami, M. E. Caillemer, professeur à la Faculté de droit de Grenoble. Elle exigeait que l'acquéreur d'un immeuble, en payant le droit de mutation du centième du prix (ἑκατοστή), fît faire, sur un tableau public à ce destiné, mention de son acquisition, et de son nom, à la place de celui du vendeur.

La publicité des hypothèques n'était pas moins réelle : sur le fonds hypod'un tableau ou d'un poteau indicateur de la mutation, il y aurait déjà un progrès dans la permanence relative de la publicité.

24. — Notre législateur n'a pas eu besoin d'un génie bien inventif pour substituer au cri public, au poteau indicateur, au tableau ou à l'affiche, l'insertion de l'acte dans un registre public : le droit romain et l'ancien droit lui offraient ce mode de publicité déjà appliqué à des fins très-voisines. Mais la loi de 1855 n'a pas voulu, n'a pu vouloir, à moins de nous proposer des énigmes, *more Sphyngis*, réduire à une *propriété relative et personnelle* l'acquéreur négligent de transcrire : la sanction du défaut de transcription n'est et ne peut être que l'*obligation d'indemniser* de la manière la plus complète et la plus directe ceux auxquels cette négligence a porté préjudice.

De là notre seconde formule :

« L'acquéreur qui n'a pas transcrit a commis un quasi-« délit; il est garant du préjudice qui en résulte pour les « tiers qui auraient, depuis son acquisition, traité sur l'im-« meuble avec l'ancien propriétaire, acquis des droits réels « de son chef, ou donné la publicité légale à des actes passés « antérieurement (1). »

On voit que notre deuxième formule n'est, en somme, qu'une application pure et simple du plus bel article du Code civil : « Tout fait quelconque de l'homme, qui cause à autrui un

théqué, le créancier faisait placer une borne (ὅρος); sur la maison grevée, il faisait appliquer une tablette ou apposer une colonnette (λίθος ἢ στήλη); ces objets portaient les indications nécessaires pour renseigner les tiers sur l'existence et la valeur du gage. Les Romains, malheureusement, n'adoptèrent pas cette sage publicité; sans cela, comme le remarque fort à propos M. Caillemer, en terminant, ces institutions ne se seraient pas perdues et, « au lieu de retraverser péniblement, à leurs dépens, les phases diverses par « lesquelles les générations d'un autre âge y étaient parvenues, nos pères « n'auraient eu qu'à les améliorer. » (*Le crédit foncier à Athènes*, 3e Etude sur le droit privé des Athéniens, p. 7, 12, 15. — V. aussi *Lectures de la réunion des Sociétés savantes à la Sorbonne*, 1866, p. 7-15.)

(1) Il y aurait non plus quasi-délit, mais *délit civil*, si l'acquéreur omettait la transcription, non par négligence, mais dans le dessein de nuire, *per malitiam*.

« dommage, oblige celui par la faute duquel il est arrivé, à le « réparer » (art. 1382).

Les difficultés cependant sont loin d'être encore toutes aplanies et nous sommes encore éloigné du but que nous poursuivons; mais nous chercherons d'autant moins à éviter les objections qu'il est plus sage et plus utile de les prévenir que d'avoir à les réfuter après coup.

Il faut que notre vérité se dégage tout entière, non-seulement de son puits (qu'on nous passe cette figure familière), mais encore des broussailles qui l'encombrent et sont allées toujours en s'épaississant, parce que nul n'a osé y porter le fer.

Si nos prémisses nous ont déjà rendu favorables quelques lecteurs, nous espérons les conquérir tout à fait à notre cause.

25. — La première objection qui se présente est grave; elle est d'ailleurs double pour ainsi dire; il y en a une principale et une subsidiaire; mais la réponse sera une.

Si l'art. 1382, dira-t-on, est le principe de toute cette théorie, s'il y a quasi-délit du premier acheteur à ne pas prévenir les tiers du danger de traiter avec le vendeur, comment l'indemnité ne consiste-t-elle pas en une somme d'argent? Comment peut-on puiser dans l'art. 1382 un mode d'indemnité aussi singulier que *l'abandon d'un immeuble?*

Subsidiairement, si le second acheteur n'est qu'un *créancier d'indemnité,* comment expliquerons-nous qu'il jouisse d'une préférence sur les autres créanciers, et, en cas d'insolvabilité, qu'il ne subisse pas une perte proportionnelle à sa créance?

26. — Sur le premier point, nous répondons sans difficulté : L'indemnité ne se paie en argent que lorsqu'elle ne se peut fournir en nature; les dommages-intérêts ne représentent jamais qu'imparfaitement la perte éprouvée et le gain manqué; or, ici, laisser l'immeuble au second acheteur engagé malheureusement dans un contrat nul (art. 1599), est la réparation la plus directe, la plus naturelle et la plus complète qui se puisse concevoir.

27. — L'objection subsidiaire, tirée d'une préférence, d'une sorte de privilége que n'autorise pas plus la théorie des quasi-

délits ni des délits civils que celle des délits correctionnels, est plus embarrassante (1).

Lors même que nous ne serions pas résolu ici à combattre toutes les demi-mesures, tous les moyens termes auxquels manque une base fixe et certaine dans la loi, ici encore nous ne serions pas arrêté.

L'objection pourrait déjà s'affaiblir, sinon se réfuter entièrement, par l'idée d'un droit de *rétention* qu'aurait le nouvel acheteur, comme étant créancier à raison d'une chose qu'il détient. Mais nous n'insistons pas sur un moyen qui pourrait à son tour soulever d'autres objections (2).

Notre réfutation sera plus directe et plus sûre.

28. — L'art. 1382 n'est pas ici invoqué par nous comme principe *d'indemnité d'un dommage causé*, mais comme *menace* contre celui qui commettrait le délit civil ou le quasi-délit. La loi civile procède ici à la manière de la loi criminelle : celle-ci ne défend pas le vol, le meurtre, l'incendie ; elle punit le voleur, le meurtrier, l'incendiaire. En faudrait-il conclure qu'elle laisse à chacun la liberté funeste de commettre ces crimes, sauf à en répondre devant les tribunaux et à subir la peine édictée? Ce serait absurde, si ce n'était odieux. La société, si elle a le droit de punir les crimes et les délits, a bien plus certainement encore le droit de les prévenir pour sa propre sécurité. Il n'en est pas autrement pour les infractions à la loi civile que pour les infractions à la loi criminelle. La loi civile édicte la peine ou la réparation du mal commis; par cela même, elle autorise chacun à se défendre, avant tout, du mal dont il est menacé; l'indemnité n'est qu'un secours subsidiaire pour le cas où le mal n'a pu être évité.

29. — Pour ce qui concerne notre matière, le premier acheteur est propriétaire, mais il avait une précaution à

(1) Dans un article remarquable de cette *Revue* (t. XIV, p. 385), M. Jozon explique par la théorie de l'art. 1382, la validité, admise en jurisprudence, des *ventes d'immeubles par l'héritier apparent*. Il écarte suffisamment la première objection ; mais il ne prévoit pas la question subsidiaire, la plus grave.

(2) On objectera notamment que le premier acquéreur n'ayant pas toujours *la possession* de l'immeuble, la base nécessaire au droit de rétention pourra manquer ; on dira aussi que le droit de rétention, dans son application normale, s'exerce *jure pignoris* et non *jure indemnitatis*.

prendre dans l'intérêt des tiers (1); il ne l'a pas prise, il a négligé la transcription; sa faute a exposé un tiers à faire un contrat nul. Sans la loi de transcription, il n'y aurait pas d'obligation à cet égard, partant, point de faute ; il pourrait revendiquer et consommer ainsi le dommage, *jure ;* mais la loi lui impose un nouveau devoir (les propriétaires en ont déjà tant d'autres!), elle lui ordonne une précaution, créant ainsi un nouveau quasi-délit d'imprudence, elle lui défend par cela même de le commettre, elle prévient le dommage en lui enlevant la revendication contre les tiers abusés.

Est-ce le seul cas d'ailleurs où un moyen aussi radical soit employé par la loi pour prévenir les dommages et les difficultés de l'indemnité? Qu'on songe donc à combien de cas divers s'applique ce principe célèbre et de toute justice : « celui qui devrait l'indemnité d'un dommage doit commencer par ne le pas commettre; celui qui doit la garantie d'éviction ne doit pas évincer; *quem de evictione tenet actio eumdem agentem repellit exceptio.* » C'est le proverbe si sage dont devrait s'inspirer tout législateur : mieux vaut prévenir que réprimer : *melius est intacta jura servari quam post causam vulneratam remedium quærere* (2).

Dans notre matière même, nous trouvons une application frappante et directe de cette théorie, faite par la loi elle-même (C. c., art. 941). Quand le premier acquéreur est un mineur ou une femme mariée, le gardien naturel de leurs intérêts, le tuteur ou le mari, est chargé de faire la transcription pour eux. S'il a négligé de remplir cette formalité et qu'il ait, à son tour, traité avec l'ancien propriétaire, il ne peut opposer à l'incapable le défaut de transcription; n'est-ce pas parce qu'il serait garant du dommage et qu'il est plus juste et plus utile de ne le pas causer que de le réparer?

30. — Avec cela, nous n'avons pas besoin de menacer nos adversaires d'un effort désespéré, semblable à des assiégés qui, sommés de se rendre, préfèrent faire sauter la citadelle. Ce-

(1) Il y a des personnes qui disent que c'est dans son intérêt qu'il transcrit. Oui, comme le voiturier ou l'entrepreneur qui éclairent leur voiture ou leurs travaux sur la voie publique..... pour éviter l'amende. Mais ce n'est pas pour cela que la loi leur prescrit l'éclairage, sans doute?

(2) L. 5, C., *In quib. caus. in integr. rest.* (II, 41).

pendant, si nous craignions de succomber dans cette lutte inégale, nous appellerions à notre secours un moyen héroïque, une prescription instantanée en matière d'immeubles. Nous dirions que la loi, qui déjà, par une application incontestable de l'art. 1382, dépouille le premier acheteur d'un meuble, négligent, au profit de celui qui en a reçu la possession de bonne foi, *a non domino* (art. 1141 et 2279), ne fait pas un acte moins énorme de souveraineté que si elle disait dans notre espèce : « Le second acheteur d'un immeuble qui a eu « une juste cause d'ignorer la première vente, par le défaut « de transcription, en devient instantanément légitime pro« priétaire. »

Nos adversaires ne nous réduiront pas à cette hasardeuse extrémité ;... mais elle ne nous ferait pas reculer (1).

31. — Les principes sont établis maintenant, et le terrain solidement préparé pour y asseoir notre proposition principale :

« Le second acheteur perd le droit d'opposer au premier le « défaut de transcription, lorsqu'il a eu connaissance de la « mutation par une autre voie. »

32. — Nous avons dit et répété que tous les auteurs et arrêts sont ici contre nous; mais comme, à cause de leur unanimité même, ils ne se sont pas mis, en général, en frais de discussion, ni de démonstration, nous sommes dispensé d'en citer des extraits (2).

Les arguments qui paraissent péremptoires à nos adversaires, et dont nous sommes loin de méconnaître la valeur, sont ceux-ci :

(1) M. Troplong n'était pas loin de la vérité, lorsqu'il disait : « A défaut « de transcription de la première vente, le second acheteur n'est pas censé « avoir reçu *a non domino* » (*Transcr. hyp.*, n° 187).

(2) V. cep. : M. Valette, *Revue prat.*, t. XVI, p. 444-445; M. Mourlon, n° 451; M. Flandin, n°s 871-876 ; M. Demolombe, *Donations*, t. III, n° 313 ; M. de Vatimesnil, discours à l'Assemblée législative (*Moniteur* du 16 fév. 1851, p. 496). — M. Coin-Delisle (*Donations*, sur l'art. 941, n° 21) est moins absolu ; il admet qu'une solution favorable au premier acquéreur négligent, lorsque le nouvel acheteur connaissait la mutation, *pourra dépendre de la qualité des faits.* — Ce n'est pas ainsi que nous entendons qu'on traite une question de principe. M. Coin-Delisle, même en ce qu'il a de favorable à notre thèse, nous est donc un faible auxiliaire.

1° Le but de la transcription est de protéger énergiquement ceux qui ont publié leur acquisition, contre ceux qui ont négligé de la faire connaître ; or, cette protection *perdrait toute sa force, et la loi toute son utilité*, s'il était possible d'*engager des procès* sur la connaissance extrinsèque que pourraient avoir eue les nouveaux acquéreurs de la première mutation ;

2° Les modes légaux de publicité, en général, et celui-ci en particulier, sont *d'ordre public* : dès que la formalité légale n'a pas été remplie, tout le monde a le droit de s'en prévaloir. A défaut de transcription, il y a une présomption légale d'ignorance de la mutation, contre laquelle *nulle preuve contraire* n'est admise (art. 1352) ;

3° On n'est pas coupable de dol quand on ne fait qu'user de son droit : *nullus videtur dolo malo facere qui suo jure utitur* (1) ;

4° En matière de substitution, la loi a formellement et spécialement *refusé la preuve*, contre le nouvel acquéreur, de la connaissance personnelle qu'il pouvait avoir de la mutation, par d'autres voies que celle de la transcription (article 1071) ;

5° Enfin, cette solution est *celle des anciens auteurs* et des Ordonnances de 1731, sur les Donations, art. 27, et de 1747, sur les Substitutions, art. 33, au sujet de la formalité de l'*insinuation* (2).

33. — Aucun de ces arguments n'est sérieusement embarrassant pour notre théorie.

Le dernier, d'abord, est exagéré, en fait : si Pothier, Ricard, Boutaric et quelques autres dont nous sommes loin de contester l'autorité, étaient formels dans le sens indiqué et pour des raisons analogues aux précédentes, il n'y avait pas, comme aujourd'hui, unanimité : Furgole, Coquille, Théveneau et d'autres soutenaient énergiquement l'avis contraire (3).

(1) L. 55, D. *De reg. juris.*

(2) V. ces auteurs cités par M. Flandin, *op. cit.*, n° 872, et par M. Demolombe, *loc. cit.*

(3) *Iidem, ll. citt.*

Les ordonnances de 1731 et 1747 sont moins concluantes qu'on ne le prétend : celle de 1731 attachait à l'*insinuation* un effet plus substantiel que celui que la loi moderne attache à la *transcription;* aussi le défaut d'insinuation pouvait-il, de l'aveu de nos adversaires mêmes, être opposé par plus d'intéressés que ne le peut être aujourd'hui le défaut de transcription : il pouvait être, notamment, invoqué par les héritiers du disposant, ce que nul ne peut soutenir pour la transcription des actes onéreux. Quant à l'ordonnance de 1747, elle ne peut fournir d'autre argument que celui même de notre art. 1071 dont son art. 33 est la source directe. Les deux articles se trouveront, tout à l'heure, réduits à leur juste importance.

34. — A notre tour, nous invoquerons l'ancien droit et ce qui se passait dans les pays de *nantissement.* Là, il était formellement déclaré par les coutumes que les héritages ne pourraient être vendus, donnés, aliénés, que par des actes extérieurs emportant *déshéritance*, comme les *devoirs de loi,* la *saisine-dessaisine,* le *vest-dévest*, ou une *appréhension de fait.* Certes, ces modes de transmission se rapprochaient plus de la translation romaine que de la mutation moderne, et cependant il était décidé par les auteurs coutumiers d'Artois, de Flandre et du Hainaut, et par des arrêts souverains applicables aux mêmes pays, que « si le même fief avait été vendu « à deux diverses personnes, et que le second acheteur *ait* « *su*, lors de son contrat, que la vente du même fief était « déjà faite à un autre, *quoique ce second en ait été le premier* « *investi*...... il est certain qu'en ce cas, *la seconde vente est* « *nulle* et que le second acheteur *est tenu de remettre le fief* au « premier (1). »

35. — Passons aux autres objections. Et d'abord examinons la première, tirée du but de la transcription et des dangers qu'il y aurait à la suppléer.

Assurément, la loi a sagement fait d'organiser la publicité des mutations. Nous avons nous-même consacré plus haut quelques pages à en démontrer l'utilité ; mais, qu'on ne l'oublie pas, la publicité est faite pour *instruire ceux qui ne sa-*

(1) V. Merlin, v° *Nantissement* (pays de), § 1, n° 11.

vent pas, et non ceux qui savent: *qui certus est amplius certiorari non potest;* elle a pour but de protéger les acheteurs *de bonne foi* qui s'exposeraient à faire un contrat nul avec l'ancien propriétaire. A chaque instant, cela a été répété dans la discussion de la loi, comme dans l'Exposé des motifs et dans le Rapport de la commission :

« Grâce à la loi qui purge les charges inconnues, *la bonne « foi* ne pourra plus être surprise (1). — La nouvelle règle que « nous posons..... n'exerce son influence qu'en faveur des « tiers *de bonne foi* et qui ont rempli les formalités pour con« solider leur droit.... Si le vendeur a laissé perdre son pri« vilége, il est juste que les résultats retombent sur lui, plu« tôt que sur des tiers vigilants et *de bonne foi* (2). »

— « Précédemment, un acquéreur *de bonne foi*, malgré « l'authenticité et la publicité de son acte, malgré sa mise en « possession et le paiement de son prix, n'était jamais sûr « de n'être pas évincé, même au bout de plusieurs années, « par un acquéreur précédent qui s'était *laissé ignorer*..... Un « propriétaire vendeur pouvait, par une nouvelle vente, abu« ser avec une extrême facilité de *la bonne foi* d'un second ac« quéreur..... Le même danger menaçait les prêteurs : les « plus prudents, les plus ombrageux, pouvaient être *surpris* « et dépossédés par des aliénations faites la veille et *qu'ils n'a« vaient aucune raison de soupçonner* (3). »

— « Un homme *de bonne foi* pouvait traiter avec celui « qui n'était plus propriétaire;..... l'acquéreur pouvait être « évincé par un acheteur *qui s'était laissé ignorer;*..... le pro« priétaire qui avait aliéné la nue-propriété, pouvait, en con« servant l'usufruit et la possession de l'immeuble, faire « une nouvelle vente et *tromper un second acquéreur*..... Le « projet de loi enlève à *la mauvaise foi* une arme dont elle se « servait trop souvent..... Il peut y avoir eu différents acqué« reurs *de bonne foi* dont le titre peut être nul..... Il fallait

(1) Exposé des motifs par M. Suin (V. Troplong, *Append.*, p. XI; Dalloz, 1855, 4, p. 28, n° 7).

(2) Troplong, *ib.*, p. XV; Dalloz, *ib.*, n° 12.

(3) Rapport de M. Ad. de Belleyme (V. Troplong, *ib.*, p. XXIV-XXV; Dalloz, *ib.*, p. 29, n° 19).

« choisir, entre l'acquéreur qui n'a pas transcrit et le tiers, « celui des deux qui serait victime de la non-exécution de la « loi. L'acquéreur a été rendu responsable, car c'est lui qui « aurait dû remplir les formalités de la loi ; les tiers ne pou- « vaient être chargés de la faire, *puisqu'ils ne connaissent pas « la vente* (1). »

Il n'y a donc aucun doute, le but de la transcription est de prévenir les fraudes et les erreurs; or, si le second acheteur *connaissait autrement* la première mutation, il n'y a pas eu erreur de sa part, la transcription lui était inutile ; il ne peut donc se prévaloir de l'omission d'une formalité qui n'était pas faite pour lui.

36. — Mais, dit-on, si la connaissance qu'avait ou n'avait pas le deuxième acheteur de la première vente peut être *alléguée,* elle peut aussi être *recherchée;* les procès vont surgir en foule ; « on ouvre la porte à des contestations sans nombre, « on livre l'appréciation de ce fait à tous les dangers de la « preuve testimoniale (2). »

Assurément, on pourra rechercher cette connaissance chez le nouvel acquéreur; mais nous ne prétendons nullement admettre à cet égard la preuve testimoniale ; c'est par d'autres moyens que nous entendons que le juge acquière *la certitude* de la mauvaise foi du nouvel acheteur. Ces moyens, nous allons les indiquer, en réfutant la deuxième objection à laquelle nous arrivons. Elle est certainement la plus grave.

37. — Les modes légaux de publicité sont, dit-on, d'*ordre public;* leur omission profite à tous les intéressés; à défaut de transcription, il y a une *présomption légale d'ignorance* contre laquelle nulle preuve n'est admise par la loi; et l'on invoque ici l'art. 1352.

Il y a là l'exagération d'un principe vrai ; la conséquence déduite en est donc également excessive.

Sans doute, la publicité des mutations, en général, s'adresse à tout le monde; mais pour chacune, en particulier, elle n'intéresse jamais, en fait, qu'un petit nombre, à savoir, ceux

(1) Discussion au Corps législatif (V. Troplong, *App.*, pp. LXI, LXII, LXIV, LXXIII, LXXIV ; Dalloz, v° *Transcr. hyp.*, p. 683, n° 10).

(2) M. Flandin, *op. cit.*, n° 871.

qui traitent avec le même vendeur. Or, le mode adopté est assurément le meilleur qu'on ait pu trouver pour atteindre le but, et l'effet de cette excellence est tel que nul n'est admis à prétexter ignorance de ce qui a été porté à la connaissance de tous par cette voie. Chacun *doit savoir* ce qui lui a été régulièrement notifié.

Voilà la part, principale au moins, si ce n'est pas la seule, à faire en cette matière à l'ordre public et à la présomption légale; aussi la solution contraire à ce premier point n'a-t-elle jamais été soutenue, et, certes, nous ne commencerons pas à la proposer : l'acheteur qui a transcrit a fait tout ce qu'il devait; on ne peut lui demander rien autre chose.

38. — Mais la réciproque est-elle vraie et chacun peut-il, en sens inverse de la connaissance légale qu'on lui imputait tout à l'heure, alléguer péremptoirement l'ignorance d'une mutation qui n'a pas été transcrite?

C'est ce que nous nions. Il n'y a aucune parité à établir entre les deux cas, ou cette parité n'est que spécieuse. Nul *ne peut* ou *ne doit ignorer* ce qui est régulièrement publié, cela est acquis; mais, au contraire, quelqu'un *peut savoir*, en fait, ce qui était tenu secret. Le premier acquéreur qui a transcrit son titre a *nécessairement* le bénéfice de sa diligence, mais l'acquéreur négligent peut aussi, *par hasard, par un heureux concours de circonstances*, avoir le même avantage; il n'y a en cela rien d'illogique ni d'injuste : tous les jours de la vie, nous ne faisons pas ce que la prudence exige, pour la conservation de nos personnes ou de nos intérêts, et cependant, grâce à Dieu, nous ne sommes pas victimes de notre imprévoyance. La même chose se passe ici. Notre acheteur devait avertir *tout le monde* de son acquisition, par une publicité légale, pour en avertir sûrement *un seul*, pour préserver un seul, *un inconnu*, du danger de traiter avec le même vendeur; il ne l'a pas fait; mais voilà qu'en fait, par hasard ou autrement, cet inconnu en sait autant que lui sur la première vente; alors le vœu de la loi se trouve satisfait : l'acheteur est plus heureux que sage !

38 *bis*. — Prenons des exemples : quelques-uns de ceux qui suivent se sont présentés dans la pratique et ont donné lieu

à des décisions de cour d'appel contraires à la nôtre (1).

Le nouvel acheteur a été témoin dans l'acte passé avec l'acquéreur négligent; ou il y a coopéré comme rédacteur, comme clerc du notaire qui a reçu l'acte, ou bien le premier acte est mentionné dans le second, le vendeur ayant espéré mettre ainsi sa responsabilité à couvert et éviter le reproche de stellionat (ce cas implique en même temps la mauvaise foi du vendeur); ou bien encore le nouvel acheteur a reçu du premier un avertissement individuel, un avis formel et direct de n'avoir pas à traiter, la chose n'étant plus au vendeur; ou enfin le nouvel acheteur avait déjà été en pourparlers pour traiter avec le premier. Supposons même qu'il ait déjà acquis de lui une servitude, comme le cas s'est présenté à notre connaissance, et qu'ensuite, voulant profiter du défaut de transcription, il se soit hâté de traiter pour la propriété entière avec l'ancien vendeur !

Dira-t-on, dans ces divers cas, que la transcription protége le nouvel acheteur qui a rempli le premier la formalité légale? Est-ce le cas de le faire profiter du *summum jus*, au risque de consommer une *summa injuria*? Nous n'y saurions souscrire.

39. — Nous ne saurions admettre davantage, avec M. Flandin, et la troisième objection que nous écartons en passant, que «le second acheteur qui, nonobstant la connaissance qu'il « a de la première vente non transcrite, ne se fait pas scru« pule de traiter avec le vendeur, comme s'il était encore « propriétaire, ne se rend pas coupable d'un dol, et qu'il use « d'un droit rigoureux, mais légal (2). » A quoi sert, après cela, que M. Flandin écrive un alinéa spécial (n° 882), pour déclarer que « cependant, celui qui, au moment d'acheter un « immeuble, apprendrait que cet immeuble a été antérieu« rement vendu à un autre et qui passerait outre, en profi« tant de ce que cette vente n'a pas encore été transcrite, « *ferait un acte contraire à la délicatesse* » ? Ce qui nous étonne le plus, c'est que le savant magistrat ne proteste pas énergiquement contre l'esprit de cette loi ainsi interprétée et qu'il n'en désire pas la modification dans le sens de la justice la plus

(1) Paris, 14 juillet 1859 (*Monit. des trib.*, 1859, p. 238); — 2 mai 1860 (D. P., 61, 2, 65).

(2) *Op. cit.*, n° 878.

élémentaire. Voilà, du moins, un magistrat qui n'encourra pas le reproche de M. Mourlon, car il ne paraît pas ici « pos« sédé d'une orgueilleuse manie d'équité. » (V. *suprà*, n° 12.)

40. — Complétons maintenant la réfutation de la seconde objection, en abordant la question délicate du *mode de preuve recevable* contre le second acheteur de mauvaise foi.

Sans doute, il ne sera pas permis, sous peine de détruire les bienfaits de la loi de transcription, d'admettre aux débats tous modes de preuve sur la connaissance qu'avait eue de la première vente le nouvel acheteur (art. 1352). Nous avons déjà repoussé, à cet égard, la preuve testimoniale; c'est une preuve que la loi voit d'un œil défiant, qu'elle n'admet que par exception, à cause de la facilité des erreurs et aussi par crainte de la complaisance et de la subornation. Nous écartons également les présomptions de fait ou de l'homme qui ne sont laissées à la prudence du juge que « dans les cas seulement où « la preuve testimoniale est admissible » (art. 1353).

Mais il est deux modes de preuve que la loi considère, en général, comme sans dangers, et qui, lorsqu'elles sont admises, sont invincibles, *probationes probatissimæ;* ce sont l'aveu et le serment.

41. — Il nous faut donc établir que nous sommes dans un des cas où la loi ne défend pas ces preuves capitales.

Pourquoi, en général, la preuve par aveu et serment estelle permise là où d'autres preuves sont défendues? Ce sont pourtant des témoignages de l'homme, puisque toute preuve directe d'un fait résulte nécessairement d'un témoignage. C'est que ce sont les deux seuls témoignages qui ne soient pas suspects.

Dans l'aveu, l'homme témoigne contre lui-même; or, à moins d'être insensé, ce qu'il dira contre lui-même ne pourra être que la vérité : « l'aveu fait pleine foi contre celui qui le « fait » (art. 1356).

Dans le serment déféré, il y a deux résultats possibles : ou il est refusé et non référé, et alors il y a encore aveu, aveu tacite, il est vrai, mais auquel la loi attache l'effet de l'aveu direct, la perte du procès : « Celui auquel le serment est dé« féré, qui le refuse et ne consent pas à le référer,.... doit

« succomber dans sa demande ou dans son exception » (art. 1361); ou il est prêté, et alors le plaideur qui l'a prêté triomphe, bien qu'il ait témoigné pour lui-même et dans sa propre cause; c'est qu'il n'est pas suspect à la loi : non pas seulement parce qu'il a pris Dieu à témoin (nous savons que la loi craint le parjure, à plus forte raison dans la partie intéressée), mais parce que son adversaire lui a déféré le serment et l'a ainsi fait juge de la cause; l'adversaire, de son côté, a avoué que, si le serment était prêté, il avait tort et que sa prétention était mal fondée : « Lorsque le serment déféré « ou référé a été fait, l'adversaire n'est pas recevable à en « prouver la fausseté » (art. 1363).

On voit que ce n'est pas arbitrairement que nous plaçons ces deux preuves au-dessus de toutes les autres et que nous les admettons, en général, lors même que toutes autres sont inadmissibles; la loi elle-même nous y autorise formellement : « Le serment décisoire peut être déféré sur quelque « espèce de contestation que ce soit » (art. 1358).

42. — Reste à savoir si nous ne serions pas ici, comme on le soutient, dans un des cas exceptionnels où l'aveu et le serment sont interdits.

On dit ordinairement que ces cas sont « ceux où l'ordre public est en jeu, » et celui qui nous occupe serait du nombre.

Nous n'admettons pas cette formule que nous trouvons trop générale, mais nous reconnaissons qu'il est des cas où l'aveu et le serment ne seraient pas recevables : par exemple, ils ne seraient pas admis contre l'autorité de la chose jugée en dernier ressort, contre la présomption d'acquisition ou de libération attachée aux prescriptions de dix à trente ans.

Nos deux preuves ne seraient pas admises non plus pour combattre la présomption de paternité légitime ou pour établir une filiation naturelle, adultérine ou incestueuse.

Voici une formule, à cet égard, que nous croyons plus exacte que la précédente : « L'aveu et le serment ne peuvent « être admis pour renverser les présomptions de la loi fon- « dées sur l'intérêt public, ou pour établir les faits dont la « loi considère la preuve comme dangereuse pour l'ordre « public. »

43. — Mais les questions de transcription nous placent-elles dans l'une de ces situations?

Oui, dans un cas qui n'est pas en question ici; non, dans celui qui nous occupe.

Supposons que la transcription d'une première vente ait été faite (c'est le contraire de notre hypothèse fondamentale), alors il y a une présomption invincible de notoriété générale, ou de faute chez le second acheteur qui n'a pas su ce qu'il pouvait savoir : ni l'aveu de l'acheteur *qui a transcrit*, ni son refus de serment, au sujet de cette ignorance d'un tiers négligent, ne pourraient lui nuire : l'ordre public veut qu'il soit protégé invinciblement. Ceci est de toute évidence. Ne serait-il pas singulier que l'acheteur, qui a tout fait pour prévenir le danger des tiers, fût encore responsable de leur témérité? C'est comme si (pour garder notre constante comparaison) notre entrepreneur, qui a éclairé ses travaux, était encore responsable de ce qu'un aveugle ou un homme ivre s'y soit imprudemment engagé et blessé.

Au contraire, la transcription n'a pas eu lieu (c'est notre hypothèse); mais le premier acquéreur a donné personnellement connaissance de son contrat au nouvel acheteur, avant qu'il ait conclu son traité; celui-ci l'avoue spontanément, ou, sommé de jurer de son ignorance, il refuse le serment. En quoi l'ordre public est-il en jeu? En quoi demande-t-il que ce malhonnête homme triomphe d'une personne négligente ou trop confiante dans la loyauté d'autrui? S'il y a eu une préoccupation de l'intérêt public au point de départ de la loi et dans sa conception générale de l'utilité de la transcription, l'intérêt privé reste seul en jeu dans chaque conflit qui met en présence deux acheteurs successifs du même bien.

44. — Ce n'est pas là, d'ailleurs, le seul cas où le serment et l'aveu triompheront des présomptions légales que la preuve testimoniale et les présomptions de fait ne pourraient affaiblir.

En matière de donation, il est des cas où la loi, par une juste défiance, présume l'interposition de personnes entre le donateur et ceux qui sont légalement incapables de recevoir de lui à titre gratuit, et, sur le fondement de cette présomption, elle annule la donation (art. 911 et 1100). Mais, dans ces cas, les jurisconsultes faisant le plus autorité admettent que la présomption pourrait être renversée par l'aveu contraire de celui au profit duquel la présomption est établie, ou par son refus de jurer qu'il connaissait la sincérité de la donation (1).

Observons enfin que l'art. 1353 que nos adversaires nous opposent se retourne contre eux, car il contient justement la réserve de nos deux preuves : « Nulle preuve n'est admise « contre la présomption de la loi....., sauf ce qui sera dit sur « le serment et l'aveu judiciaire. » Or, nous savons que la loi, aussitôt après, a déclaré ces deux preuves, dans les conflits d'intérêts privés, générales, absolues, invincibles.

45. — Nous irions plus loin et nous admettrions la preuve testimoniale et les présomptions de fait, s'il s'agissait de prouver la *fraude du vendeur*, pour arriver au triomphe de l'action Paulienne au profit du premier acquéreur négligent (V. *suprà*, n° 10). La transcription n'ayant pas été établie pour avertir le vendeur ni ses héritiers, l'acquéreur, se défendant contre la nouvelle vente, prouverait la fraude du *vendeur*, comme délit civil, par tous les moyens possibles, et la complicité du second *acheteur*, par le serment et l'aveu seulement, à cause de la présomption légale d'ignorance qui couvre ce dernier.

L'arrêt de Rennes que nous avons invoqué plus haut (n° 7), sur la première de nos questions, n'avait pas eu à faire cette distinction; la preuve testimoniale eût été surabondante dans l'espèce : « Considérant que de la *correspon-* « *dance des parties* (aveu écrit), de la *comparution en personne* « (aveu verbal) et des autres pièces et documents du procès, « il résulte que J. M. H. et S. R. se sont concertés dans le *but* « *avoué* de détruire les effets de la première vente... »

46. — Observons encore qu'il y aurait, quoi qu'on en dise, *peu de procès à craindre* sur la question de savoir si le nouvel acheteur connaissait ou non la première vente; car on n'aurait pas à rechercher *comment il avait* cette connaissance et à discuter si les renseignements étaient précis ou suffisants à cet égard pour le convaincre, mais *s'il avait* cette connaissance; or, son aveu verbal, ou écrit (correspondance), ex-

(1) V. notamment M. Bonnier, *Traité des preuves*, 2e édit., n° 744.

près, ou tacite (refus de serment), sa présence à l'acte en qualité de témoin, sa signature à l'acte où se trouve mentionnée la première vente, son traité avec le premier acquéreur comme tel, sont les seuls moyens de preuve que nous admettrions contre lui.

Si les procès sont déjà considérés, dans nos lois, comme écartés en grand nombre par l'exigibilité générale de la preuve écrite, combien ne le seront-ils pas davantage si l'on n'admet ici que le serment ou l'aveu, même sous leurs diverses formes? Si notre solution est admise à cette condition, il y aura bien rarement un procès au sujet de la connaissance de la première vente par le second acheteur : le premier acquéreur ne l'intentera pas s'il n'est à peu près sûr de l'aveu de son adversaire; celui-ci n'y défendra pas s'il a vraiment la connaissance qu'on lui impute et s'il est d'ailleurs assez honnête homme pour ne pas se parjurer.

47. — Dans l'opinion que nous combattons, on s'appuie beaucoup sur un argument produit par M. de Vatimesnil dans la discussion de 1851 sur la réforme hypothécaire dont alors le projet n'aboutit pas. M. de Vatimesnil, repoussant déjà la solution que nous proposons, argumentait *a fortiori* de la formalité de l'enregistrement qui ne peut être suppléée, en tant que donnant date certaine aux actes sous seing privé, que par deux moyens, leur mention dans un acte authentique et la mort d'une des parties signataires. L'honorable orateur soutenait que cette formalité est *substantielle* et d'*ordre public* et que son inobservation ne peut être couverte par la connaissance que les tiers auraient de la date des actes autrement que par cette voie (V. *suprà*, n° 32, note 2).

M. de Vatimesnil oubliait à ce moment une disposition du Code civil que personne n'a songé, que nous sachions, à lui rappeler, alors ou depuis : les dettes mobilières contractées par la femme antérieurement au mariage ne peuvent être poursuivies sur les biens communs, si elles n'ont date certaine; « néanmoins, si le mari a payé pour sa femme une « dette de cette nature (sans exciper de son défaut de date « certaine et sans faire de réserve à ce sujet), il n'en peut « demander récompense ni à la femme ni à ses héritiers » (art. 1410). Et il en serait de même, assurément, si, à défaut de paiement, le mari avait transigé sur la dette, l'avait novée ou cautionnée. Pourquoi cette déchéance, si ce n'est parce que le mari a reconnu l'antériorité de la dette, sans la formalité légale?

48. — Voici un cas analogue et plus probant encore.

La loi du 10 juillet 1850, introduite dans le Code civil (art. 75 et 76, 1391 et 1394), organise une publicité spéciale pour les contrats de mariage; à défaut de cette publicité, les avantages exorbitants du régime dotal sont enlevés à la femme, dans ses rapports avec les tiers; mais si, ayant omis la publicité dans l'acte de l'état civil, la femme a déclaré après coup, au tiers avec lequel elle a traité, qu'elle a fait un contrat de mariage, elle en recouvre le bénéfice; en d'autres termes, le tiers perd le droit de lui opposer le défaut de publicité par la connaissance qu'il a acquise de son contrat par une autre voie (1).

49. — On nous répondra peut-être que, dans ces deux cas, c'est en vertu d'un texte spécial que l'inobservation de la formalité légale est couverte. Assurément, il y a un texte; mais c'est ce qui fait notre force, puisque la loi donne elle-même un démenti formel à cette prétendue exception d'ordre public tirée du défaut d'enregistrement ou de publicité. Si

(1) Voilà encore une situation que nous pourrions développer au profit de notre théorie générale de la transcription; l'analogie est frappante : Une femme ne peut pas être mariée sous le régime dotal et ne l'être pas; or, elle l'est bien et dûment lorsqu'elle a expressément stipulé ce régime (article 1392); mais une loi de 1850 est venue la soumettre à l'obligation de faire connaître ce régime à tous les intéressés futurs par une voie qui ne peut manquer de les éclairer, par l'acte de l'état civil lui-même. La loi dit à la femme : « Si vous n'avertissez pas les tiers, vous serez responsable envers eux de tout préjudice qu'ils éprouveraient de leur ignorance du régime dotal adopté; en conséquence, vous ne les évincerez pas des biens achetés par eux, car vous auriez à leur rendre immédiatement ce même bien, par voie d'action en garantie; si cependant vous les avertissez, au dernier moment, de votre omission, ils ne sont plus recevables à exciper de leur ignorance..... »

Tout le monde sera frappé de l'analogie des deux situations; aussi nous n'hésiterions pas à donner la même solution sur tous les points. La femme prouverait par l'aveu et le serment que les tiers avaient connaissance de son contrat, en l'absence des déclarations prescrites.

le moyen était vraiment d'ordre public, la loi n'y apporterait pas de dérogation pour sauvegarder un intérêt privé.

Nos adversaires soutiendraient-ils aussi que l'exception dans ces divers cas, étant d'ordre public, pourrait être suppléée d'office par les tribunaux? Nous ne le pensons pas.

50. — L'intérêt public a ses droits; nous ne voulons pas le nier; mais il faudrait plutôt les circonscrire que les étendre. En mainte occasion, les meilleurs esprits, et nos adversaires les premiers, s'élèvent contre les écoles novatrices et téméraires qui voudraient progressivement étendre les droits publics au préjudice des intérêts privés, resserrer la contrainte légale au préjudice de la liberté civile; on sait que cette tendance serait la ruine des droits individuels qui finiraient pa être complétement sacrifiés à la chose publique.

Nous croyons avoir démontré qu'heureusement l'ordre public n'a rien à voir ici.

51. — Des diverses objections que nous avons prévues (n° 32), les deux premières sont amplement réfutées, la troisième l'a été déjà *transeundo* (n° 39), la cinquième avait été discutée la première, comme point historique (n° 33); il ne reste plus que la quatrième objection tirée de l'art. 1071.

Nous croyons notre cause trop bonne pour élever une fin de non-recevoir contre l'objection, en arguant de la place de cet article dans la loi; nous admettons assurément qu'il s'applique à la transcription des actes à titre onéreux autant qu'à la transcription des donations et à celle des substitutions; de même que nous avons admis (n° 29) l'application ici de l'art. 941, dans sa disposition qui nous est favorable, au sujet des personnes privées du droit d'opposer le défaut de transcription, parce qu'elles étaient chargées de la faire.

Mais nous considérons l'art. 1071 comme virtuellement réfuté par l'admission, démontrée nécessaire, du serment et de l'aveu judiciaires; en sorte que nous n'avons plus qu'à traduire ainsi l'art. 1071 : « La preuve testimoniale et les « présomptions de fait ne seront pas admises pour établir « que le nouvel acquéreur avait connaissance de la première « aliénation par une autre voie que celle de la transcription; » ou, mieux encore et plus directement, l'art. 1071 restera tel qu'il est, avec cette addition empruntée à l'art. 1352, qui est topique : ...... « Sauf ce qui sera dit sur le serment et l'aveu « judiciaires. » Or, qu'on se le rappelle bien : « L'aveu fait « pleine foi contre celui qui l'a fait (art. 1356) ; — le serment « décisoire peut être déféré sur quelque espèce de contesta- « tion que ce soit » (art. 1358).

52. — Notre tâche serait terminée, si nous n'avions à résoudre une dernière question qui s'impose à nous d'autant plus obligatoirement que nos adversaires ne manqueraient pas de nous la poser, comme une objection suprême et, selon eux, invincible :

La solution qui précède doit-elle être étendue de la transcription à l'inscription hypothécaire? En d'autres termes, le défaut d'inscription en temps utile peut-il être considéré comme couvert, au profit du créancier hypothécaire ou privilégié négligent, par la connaissance que les autres créanciers ou le tiers-acquéreur diligent auraient eue de l'hypothèque ou du privilége, autrement que par l'inscription ?

C'est là, sans doute, que nos adversaires nous attendent, comme dans un dernier retranchement, et, s'ils pensent que notre hardiesse ne peut aller au-delà de ce qui précède, ils croient, au moins, avoir la ressource de nous taxer d'inconséquence. Mais, si nous avons conquis quelques adhésions par ce qui précède, que nos partisans se rassurent : nous ne serons ni téméraire ni inconséquent.

Nous ne nous séparerons pas ici, il est vrai, de l'opinion universelle qui n'admet, en matière d'inscription d'hypothèque, aucun tempérament ni équipollent; mais nous allons démontrer aisément qu'il n'y a non plus aucune parité à établir entre les deux situations : la nature même des choses est différente; il y a donc place aussi, sans danger d'inconséquence, à deux solutions également différentes.

53. — Quand nous avons examiné le conflit entre deux acquéreurs successifs du même immeuble, nous avions en présence deux droits incompatibles parce qu'ils étaient *de la même nature* et prétendus par *deux personnes différentes*. Il fallait nécessairement sacrifier l'un des intéressés à l'autre : dans un cas, l'un était diligent et l'autre négligent; dans l'autre cas, l'un n'était que négligent quand l'autre était de

mauvaise foi. Alors il nous a été *possible* (nous n'osons pas dire *facile* après de si longs développements) de démontrer que, dans le premier cas, il fallait sacrifier celui qui était en faute à celui qui n'y était pas, et dans le second, celui qui était de mauvaise foi à celui qui n'était que négligent.

54. — Mais ici la situation est bien différente : il n'y a aucune incompatibilité *de droit* (nous ne parlons pas des avantages *de fait*) entre deux créances hypothécaires, ou entre une créance hypothécaire et le droit de propriété du tiers acquéreur.

55. — Lorsque j'acquiers contre mon débiteur soit un privilége, soit une hypothèque (légale, judiciaire ou conventionnelle, peu importe), je puis savoir qu'un autre créancier privilégié ou hypothécaire m'a devancé dans l'acquisition du droit de préférence, bien qu'il n'ait pas encore *conservé* ce droit par l'inscription ; et cependant, je puis aussi, sans mauvaise foi, sans scrupule même de conscience, le plus souvent, le devancer dans l'inscription pour le primer dans le paiement. C'est que je puis *supposer* en même temps, *savoir* même quelquefois, qu'il a sur moi d'autres avantages qui le préservent de l'insolvabilité de notre débiteur commun, à laquelle, pour ma part, je ne veux pas être exposé. Il peut avoir d'autres garanties hypothécaires ; son hypothèque peut être générale, quand la mienne n'est que spéciale ; il peut avoir des cautions que je n'ai pas ; plus que moi, il peut avoir la bienveillance du débiteur qui, lors même qu'il ne pourrait payer tout le monde, saura toujours trouver de l'argent pour lui ; je puis savoir aussi ou seulement croire qu'il est avec le débiteur dans des relations de parenté, d'alliance, d'amitié, ou de reconnaissance, qui expliquent le peu de rigueur qu'il a mis à assurer la conservation de son droit hypothécaire ; dans tous les cas, mon droit n'exclut pas complétement le sien, car au moins il restera toujours créancier chirographaire. Bien plus, je puis trouver blâmable, jusqu'à un certain point, la complaisance avec laquelle il laisse ignorer à tous que la position du débiteur est obérée et lui conserve un crédit trompeur dont les tiers sont menacés de devenir victimes.

Voilà bien des raisons qui se présentent à l'esprit, sans

recherche, sans invraisemblance, et qu'on pourrait facilement multiplier.

56. — Supposons maintenant un tiers détenteur contre lequel un créancier privilégié ou hypothécaire voudrait exercer le droit de suite, quoiqu'il n'ait pas pris l'inscription aux termes de l'art. 2166 du Code civil et de la loi de 1855, art. 6, et cela, sous le prétexte que le tiers détenteur connaissait son droit; supposons que ce tiers détenteur, sans remplir les formalités de la purge, ait déjà payé son prix directement au vendeur, en l'absence d'un ordre ouvert et à défaut d'inscription, bien qu'il ait connu, en fait, l'existence de droits de privilége ou d'hypothèque non inscrits.

Ce tiers détenteur avait intérêt à payer son prix comptant : d'abord, il évitait le droit de quittance, ce qui n'est pas indifférent; ensuite, il avait immédiatement l'emploi de fonds disponibles, exposés sans cela à des accidents et, tout au moins, à une perte d'intérêts; en tout cas, qu'il eût déjà payé, ou non, il voulait éviter les fâcheuses lenteurs de la purge.

A-t-il, en cela, agi contre la bonne foi et contre les scrupules d'une conscience droite? Non; pas plus que le créancier hypothécaire dont nous parlions tout à l'heure : il a pu exactement se faire les mêmes raisonnements, au risque de se faire illusion. Aux yeux de la loi, aux yeux du juge qui ne peuvent pénétrer dans les replis de la conscience individuelle et dans les secrets de l'intention, notre tiers détenteur est à l'abri de tout reproche et de tout soupçon de mauvaise foi. Et cela, répétons-le, parce qu'il n'y a aucune incompatibilité entre le paiement de son prix aux mains du vendeur et la satisfaction à donner aux créanciers hypothécaires ou privilégiés qui n'ont pas pris inscription et qui peuvent être payés autrement.

57. — On voit qu'il n'y a nullement à craindre que notre solution sur l'effet de la mauvaise foi en matière de transcription entraîne une solution analogue en matière d'inscription. Sous ce dernier rapport, la preuve de la mauvaise foi est impossible *en fait* autant qu'*en droit*.

58. — Qu'il nous soit permis, en terminant, et mal-

gré la longueur de cette dissertation (1), de faire notre profession de foi en matière d'interprétation des lois : elle expliquera comment nous n'avons pas craint de nous mettre ainsi en entière opposition avec l'unanimité des auteurs et des arrêts.

C'est un principe général d'interprétation des conventions (et la raison commande de l'appliquer aux lois) que, lorsqu'une disposition est susceptible de deux sens, celui-là doit être préféré qui donne à la disposition un effet utile, plutôt que celui qui ne lui en donne aucun (art. 1157).

A bien plus forte raison, faut-il dire que, si une loi ou une convention est susceptible de recevoir un sens équitable et un sens inique, il faut choisir le premier : *In ambigua voce legis, ea potius significatio accipienda est quæ vitio caret, præsertim cum etiam voluntas legis ex hoc colligi possit* (2).

(1) Sans vouloir abuser du mot heureux de Pascal (Prov. xvi, P. S.), il est absolument vrai que « nous n'avons pas eu le temps d'être court. » Nous avons été pris à l'improviste par le savant et excellent directeur de cette *Revue*, qui, dans un but infiniment louable, n'a pas voulu au milieu des malheureux événements que nous traversons (mai 1871), laisser manquer le travail à ses estimables et laborieux typographes.

Mais, comme ceux-ci, nous devons nos remerciements à M. le conseiller Demangeat pour l'occasion qu'il nous a fournie d'écrire cet *Essai* ; car depuis plus de dix ans nous nous proposions de le faire, et, sans le désir de nous associer au vœu philanthropique de M. Demangeat, nous aurions, sans doute, attendu longtemps encore avant de nous décider à prendre la plume contre tant d'imposantes autorités.

C'est sous le bénéfice de ces circonstances atténuantes que nous nous soumettons, à notre tour, au jugement de ceux que nous avons combattus.

(2) L. 19, D. *De legibus* (I, 3). — Si nous avons cité avec une certaine complaisance plusieurs beaux axiomes du droit romain, c'est d'abord pour leur valeur propre dans notre cause et, un peu aussi, il faut bien l'avouer, pour *contrebattre* le seul axiome romain (assez brutal, on en conviendra) qu'on pourrait nous opposer : *Jus civile vigilantibus scriptum est* (L. 24, D. *Quæ in fraud. credit.*, XLII, 8). Nous aurions pu les multiplier, sans sortir du sujet : Paul n'a-t-il pas dit : *In omnibus quidem, maximè tamen in jure, æquitas spectanda est* (L. 90, D. *De reg. juris*), et Modestin, dans un cas qui semble fait pour nous, car il s'agit de formes : *Etsi nihil facile mutandum est ex solemnibus, tamen, ubi evidens æquitas poscit, subveniendum est* (L. 183, *ibid.*)? Enfin, comment Cicéron croit-il le mieux louer Servius Sulpicius, n'est-ce pas en disant qu'il connaissait autant la justice que le droit et qu'il rapportait

59. — Notre savant confrère et ami M. Ch. Brocher, professeur de droit civil à l'Académie de Genève, a parfaitement exprimé cette idée dans un livre trop peu connu en France (1) :

« Les sentiments de pénible répulsion que nous éprouvons « lorsque nous voyons les formules du droit froisser l'é« quité, il est probable que le législateur les eût éprouvés lui« même, si la question spéciale qui nous préoccupe se fût pré« sentée à son esprit. Le législateur participe à notre nature « intellectuelle et morale ; il est donc probable que les ri« gueurs manifestes qui nous répugnent n'étaient pas dans « son intention, et qu'en cherchant bien, nous finirons par « trouver dans la loi même, sainement interprétée, les moyens « d'éviter ces résultats que repousse notre conscience : *Be« nignius leges interpretandæ sunt, quo voluntas earum conser« vetur.....* (2).

« Il est certain qu'entre deux interprétations paraissant « également conformes à la loi, celle qui est équitable doit « être préférée à celle qui ne l'est pas, parce qu'il est très« probable que c'est la première et non la seconde qui est « conforme à l'intention du législateur.

« L'histoire de la jurisprudence qui s'est formée depuis la « promulgation du Code civil suffirait, au besoin, pour dé« montrer que les sentiments d'équité ont souvent servi d'é« claireurs avancés pour conduire à la découverte du vrai sens « de la loi. Il serait facile de citer bien des exemples de con« quêtes ainsi faites par l'action de ces sentiments..... Ce sont « de véritables conquêtes, car il n'y a rien qui inspire des « sentiments plus pénibles, qui jette plus d'insécurité dans « l'esprit et qui donne une plus décourageante idée de la fai« blesse humaine que de voir la loi, ce qu'il y a de plus res« pectable après les dogmes de la religion et les préceptes de « la morale, conduire à des résultats que la conscience ne « peut ratifier et dont l'immoralité s'empare pour en béné« ficier. »

tout le droit civil à l'équité ? *Non magis ille juris quam justitiæ consultus, leges et jus civile ad facilitatem æquitatemque referebat...* (Philipp., IX, 5.)

(1) *Etudes sur les principes généraux de l'interprétation des lois et spécialement du Code civil français* (Genève et Paris, 1862, in-12, p. 233-235).

(2) L. 18, D. *De legib.*

Ne semble-t-il pas que cette belle page ait été écrite pour notre justification?

60. — Quand Bossuet dit si admirablement : « Il n'y a pas « de droit contre le droit, » il veut dire assurément qu'il n'y a pas de droit positif qui puisse prévaloir sur le droit naturel, qu'il n'y a pas de lois ni de règlements au-dessus de l'équité et de la justice. C'est pour cela que nous ne devons pas prêter gratuitement une iniquité au législateur.

Dans le temps malheureux où nous vivons, quand la société, profondément ébranlée dans tous ses fondements, semble menacée d'écroulement et de dissolution, les lois sont déjà trop l'objet de l'indifférence des uns et du mépris des autres, pour qu'il soit permis de les abandonner témérairement au reproche d'iniquité. En présence d'interprétations judaïques, comme celle que nous avons combattue, les esprits droits, mais étrangers aux difficultés de la législation, seront moins frappés des prétendues nécessités d'ordre public que de l'injustice finale du résultat; de là, ils sont exposés, à leur tour, à perdre, avec le respect de la loi, la résolution de s'y soumettre. C'est le devoir des jurisconsultes de démontrer que nos lois, en général, et nos lois civiles surtout, sont conformes à la raison et à l'équité; c'est la digne tâche des magistrats de les appliquer conformément à leur esprit; pour les uns et pour les autres, la récompense sera d'en avoir inspiré aux bons citoyens le respect et l'amour.

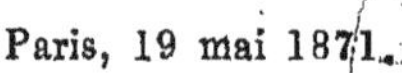

Paris, 19 mai 1871.

Imprimé par Charles Noblet, rue Soufflot, 18.

IMPRIMÉ PAR CHARLES NOBLET, RUE SOUFFLOT, 18

www.ingramcontent.com/pod-product-compliance
Ingram Content Group UK Ltd.
Pitfield, Milton Keynes, MK11 3LW, UK
UKHW021125230726
13926UKWH00002B/641

9 782014 104745